AF385689

DE LA
VÉRITABLE LÉGITIMITÉ

OU

LIBERTÉS

DE LA NATION,

ET

GARANTIES DU PRINCE.

DE LA

VÉRITABLE LÉGITIMITÉ

OU

LIBERTÉS

DE LA NATION,

ET

GARANTIES DU PRINCE.

> « La liberté et le prince. Cela veut dire, une
> » liberté *fortement* garantie et défendue par les
> » lois, un prince *constitutionnellement* fort et
> » puissant : voilà quels doivent être les fruits
> » d'une révolution juste et sage, et les résultats
> » d'une bonne constitution ».
> ROBERTSON, *Hist. de Ch.-Quint.*

PAR UN AMI DE LA LIBERTÉ ET DE LA PAIX.

A PARIS,

CHEZ { Louis COLAS, imprimeur-libraire, rue du Petit-Lion
St.-Sulpice, en face de la rue Garencière.
DELAUNAY, libraire, Palais-Royal, galeries de bois.
PÉLICIER, libraire, première cour du Palais-Royal.

AVRIL.===1815.

DE LA VÉRITABLE LÉGITIMITÉ,

ou

LIBERTÉS

DE LA NATION,

et

GARANTIES DU PRINCE.

Les Anciens avaient consacré un autel *à l'Oubli;* cette institution était à la fois politique et morale. Elle ne donnait point au passé l'empire du mal, et le droit d'empoisonner le présent et surtout l'avenir; elle rapprochait les hommes qui sont tous sujets à l'erreur; elle établissait une véritable fraternité entre les citoyens, et une tolérance réelle entre les opinions; elle fondait des mœurs générales qui acquiéraient plus de douceur. La civilisation faisait de nouveaux progrès, les arts obtenaient plus de perfectionnement, et la société s'améliorait dans toutes ses parties.

C'est un autel à l'oubli, que toutes les mains françaises, depuis le trône le plus élevé jusqu'à la plus humble chaumière, doivent s'empresser de construire aujour-d'hui : les intérêts du prince et les droits de la nation l'exigent également.

Ne rien apprendre et ne rien oublier, est le fléau le plus dangereux de tout gouvernement; c'est le vice le plus essentiel de tout citoyen, et la maxime la plus absurde comme la plus funeste dans ses conséquences. Tels furent les Bourbons : ces vices et ces maximes les ont chassés du trône.

Toutes les révolutions se composent, malheureusement, de calamités et de lumières; le résultat seul fait juger de leur bonté. Lorsqu'on veut arriver à un résultat politique, véritablement utile, véritablement national, lorsqu'on veut fermer pour jamais la porte des révolutions, il faut oublier les maux et les fautes, il faut se rappeler les principes et les services.

Tout le monde a fait des fautes depuis vingt-cinq années; les divers gouvernemens qui se sont succédés depuis 1789 ont été, tour à tour, les propagateurs et les victimes d'un grand nombre d'erreurs.

On ne peut se dissimuler, et l'histoire le

dirait au défaut de la génération présente, que les hommes placés dans les fonctions publiques et les autorités constituées n'aient trop flatté le pouvoir du trône, trop favorisé l'esprit de conquête, trop condescendu à des lois exagérées et même arbitraires : ce fut la faute des circonstances, des temps, de la nécessité. L'ambition des puissances étrangères et le démembrement projeté de la France forcèrent aussi le gouvernement à conquérir sans cesse, afin de maintenir l'indépendance politique de l'État, afin de conserver définitivement le territoire et les limites de la France. Aujourd'hui, ces vérités sont devenues triviales; et, lorsqu'en France l'on parle de fautes et d'erreurs, il faut de bonne foi, et tout sentiment personnel mis de côté, il faut faire avec courage la part de chacun : c'est ainsi que le patriotisme s'unira à la gloire, c'est ainsi que nous nous réconcilierons avec nous-mêmes, avec la gloire nationale, avec la chose publique; car les intérêts nationaux ne doivent point souffrir de nos erreurs ou de nos passions. Aussi, aux yeux des contemporains justes, comme aux yeux de l'impartiale postérité, la plus grande gloire de l'Empereur sera d'avoir noblement senti et réparé les fautes politiques que des circonstances, extraordinaires dans l'histoire des gouvernemens et des peuples, ont tour à tour commandées ou excusées par la première de toutes les lois, *le salut de la patrie.*

Les Bourbons et leurs favoris, de concert avec les puissances étrangères, ont tenu à bail pendant onze mois les provinces et la gloire de la France; mais les Bourbons ont produit pour la France l'expérience la plus utile, la plus incontestable : onze mois de ce joug ignoble nous en ont plus appris qu'un siècle de temps ordinaires. Pendant l'année 1814, nous avons eu toutes les lâchetés des Valois, et tous les vices des Bourbons, *couverts du nom de Henri IV !* Les indignes descendans de ce grand prince, de ce bon roi, ne pouvaient point avilir son nom, ils nous l'ont vendu : Henri IV nous en sera plus cher, ses lâches descendans nous en seront plus étrangers. Il y aurait toujours eu en France une classe incorrigible, celle de ces hommes qui, soit par les préjugés de l'ancienne éducation, soit par ambition ou intérêt féodal, auraient toujours regretté la vieille dynastie, la dynastie *pourrie* comme dit Hume, auraient toujours cru en obtenir un jour plus de bonheur et de sécurité. N'est-ce donc rien que l'avantage d'avoir désabusé, par les Bourbons eux-mêmes, les classes habituées ou intéressées à regarder ces princes, ces *ombres* de princes comme *légitimes?* La véritable légitimité vient du peuple; la véritable *légitimité* est celle qui reconnaît, maintient et conserve la volonté nationale, sa souveraineté, sa liberté; celle qui établit l'égalité de droits et les mesures d'administration qui fondent la prospérité d'un État; celle qui défend son territoire, qui assure sa gloire et son indépendance politique.

Or, à de tels caractères, qui est plus *légitime* que Napoléon et sa dynastie? Napaléon est sorti de la révolution; sa dynastie est née de la pensée publique depuis vingt-cinq années. D'après ce simple aperçu, et par ce seul fait, Napoléon est plus intéressé que personne à la défense de cette même pensée, au maintien de la souveraineté du peuple qui en est la base, à la dé-

fense de cette gloire, de ce territoire si hé-
roïquement défendus par nos armées dont
il est le chef depuis quinze ans.

Dirait-on que le passé effraie pour l'avenir ; mais le passé n'avait point de limites,
et l'avenir en recevra. Ces limites, ces bar-
rières, ces garanties inviolables, l'avenir
les obtiendra d'une constitution sage et
forte, qu'aucun *pouvoir* ne pourra transgres-
ser sans se perdre. Le prince a promis la liberté, le peuple la veut ; la nation toute entière va s'assembler, va s'armer ; le peuple
défendra le trône, mais il défendra les
droits de la nation. Nos cœurs, nos esprits
et nos bras sont, aujourd'hui, tous armés
pour cette noble et courageuse entreprise.
La liberté nationale sera donc inviolable
parce qu'elle sera défendue par l'autorité du
prince ; l'autorité du prince sera donc iné-
branlable, parce que l'opinion nationale sera
constamment assise à la droite du trône : la
liberté de la presse et la responsabilité des
ministres sont les deux sentinelles incorrup-
tibles, immortelles de l'autorité du prince
et des libertés de la nation.

L'Empereur est l'épée de la nation, c'est

le prince anti-féodal, le prince de la liberté, par essence et par nature ; Napoléon nous a apporté, de son exil, une constitution nationale qui l'a rendu l'époux légitime de la France ; nous sommes tous devenus ses enfans. C'est la nation toute entière qui a débarqué avec lui à Cannes, qui est rentrée à Lyon dans ses droits, dans ses franchises, dans ses libertés.

Malgré toutes les apparences, malgré ces enveloppes, ces écorces, ces promesses royales ou ministérielles, malgré toutes les séductions de la charte, il n'en est pas moins certain que pendant les onze mois de dilapidation des Bourbons, la nation n'était rien, une seule famille était tout, et des *privilégiés* étaient seuls des *Français*. Les assemblées nationales étaient une rébellion, une *concession* forcée et momentanée du prince ; le sentiment de la liberté était un crime. La charte constitutionnelle, elle-même, n'était autre chose qu'une charte de perfidie et de despotisme, un ordre de choses *indispensable* pour arriver à l'ancien régime, au régime des vengeances; c'était *une Saint-Barthélemi au berceau.*

Les propriétés vendues et transmises, depuis vingt-cinq ans, au nom des lois les plus sacrées, de la volonté de tout un peuple, ces propriétés étaient regardées comme des usurpations sacriléges ; nos victoires étaient des forfaits qu'il fallait expier par une abjection servile, par une soumission entière aux ordres du cabinet de Londres ; l'abolition de la féodalité, des dîmes, des droits seigneuriaux, n'était plus considérée que comme un vol inexcusable ; la barbarie allait couvrir la France.

Notre gloire, notre indépendance politique étaient perdues, abandonnées aux caprices de nos plus cruels ennemis; les finances, l'administration intérieure de l'Empire étaient sous la dépendance d'un prince dont la lâche volonté appartenait à l'Angleterre. Ces lauriers, arrosés du sang le plus pur de la patrie, ces victoires, ces trophées, obtenus par vingt-cinq ans de sacrifices et d'efforts dignes de rendre une nation immortelle, ces lauriers étaient flétris, arrachés, foulés aux pieds par quelques favoris sans talens; sans mérite, sans honneur : on disposait à nos yeux des services, des récom

penses, des cicatrices, même des infirmités
de nos braves soldats, on en trafiquait se-
lon les vues intéressées de quelques courtisans armés de poignards, de quelques hommes indignes du nom de Français, qui sa-
crifiaient l'État et sa gloire, la nation et ses
droits, à l'étranger qui provoqua tous les
malheurs de la patrie.... La patrie allait
mourir dans la honte, dans la spoliation,
dans le démembrement. C'est alors que dé-
barque l'Empereur Napoléon.

Quoi qu'on ait dit, quoi qu'on puisse dire
de l'Empereur, de son règne, de son administration, il vivra éternellement dans les
plus hauts rangs de la renommée des empi-
res. Il porta les armes françaises plus loin
qu'aucun monarque ; il rendit la France
plus grande qu'elle ne le fut jamais ; et malheureusement, pour la conserver telle
qu'elle doit être, il la rendit trop grande.
Nous devons oublier que nous avons été les
maîtres des nations, a dit le vainqueur de
l'Europe, en rentrant sur le sol de la patrie ; cette déclaration montre toute la sa-
gesse de sa politique ; elle doit suffire pour
rassurer la France et l'Europe, si les cabinets

de l'Europe sont susceptibles d'un esprit de
paix , de modération , de justice.... Ses ex-
ploits l'avaient rendu cher à un peuple dont
le premier besoin est la gloire militaire ; il
fut le protecteur libéral des sciences et des
arts; sévère dans ses goûts, économe pour
sa personne , sobre dans toutes ses dépen-
ses , magnifique dans tous ses établissemens
publics , la gloire de la nation française fut
l'objet constant de ses vues, de ses travaux.
On se rappellera toujours que s'il avait voulu signer à Châtillon un traité ignominieux,
un traité à la Bourbon , tel que les princes
de cette famille l'ont consenti sans balan-
cer, à Paris, tel que les princes de cette famille le consentiraient à Bruxelles , pour li-
vrer notre belle France aux puissances étrangères , Napoléon n'eût pas cessé un seul
instant d'être Empereur des Français. Que
demain, ces cabinets, jaloux de l'indépendance politique de la France, proposent aux
Bourbons , pour prix d'une coalition nouvelle ; de signer le *démembrement* de la
France ; demain , les Bourbons signeront
le cession de nos plus importantes provinces, et la vente de dix millions de Fran-

çais, au marché de lord Castelreaght, ou de Downing-Street.

Plus de flatteries, plus de louanges; les temps sévères de la vérité sont arrivés. Ce que nous venons de dire de Napoléon a été dit, publié en Angleterre pendant que les Bourbons *régnaient* en France; nous ne faisons que répéter ici les paroles de M. Cobbett, au mois de mai 1814.

Quelles garanties plus véritables, plus positives peut donc offrir aujourd'hui le chef d'un État, que celles que présente l'Empereur? Sa gloire militaire ne saurait être contestée; elle inonde, elle couvre toutes les histoires. Son caractère est connu du monde entier; un an d'abdication, d'infortunes, d'exil, d'injures, d'enquêtes sur sa renommée, a mis son caractère à découvert; l'intérêt de sa dynastie est aujourd'hui dans une harmonie parfaite avec les libertés de la nation française, avec la stabilité de toutes les puissances de l'Europe.

La révolution et la nation française ont fait les fautes du règne impérial. Mais les vingt-cinq années libérales de la révolution peuvent, seules, garantir la dynastie de Na-

poléon, de même que la dynastie de Napoléon peut, seule, garantir les vingt-cinq
années de la révolution. Les hommes de la
révolution, leurs familles, leurs propriétés,
la France entière, sont d'un côté avec Napoléon ; de l'autre côté, sont les vengeances de
la maison de Bourbon, les vengeances des
nobles, et le *démembrement* de la patrie par
ces puissances que les Bourbons veulent armer contre nous, veulent soudoyer avec les
dépouilles enlevées à la nation française.

Mais les dynasties passent, et les nations
sont éternelles; car les nations sont assises
sur la propriété et sur la force, et les dynasties ne sont élues, ne sont consacrées, ne
sont maintenues que pour garantir et protéger les droits des nations. On ne rétablit pas
une race détrônée deux fois! Lorsque les
Anglais, dans leur généreuse imprudence,
rappelèrent la famille des Stuarts, ils rappelèrent la servitude dans la Grande-Bretagne;
les princes qui règnent par la *grâce* de Dieu,
par les *droits* de leurs ancêtres, ne se corrigent jamais. Les Anglais furent obligés d'expulser pour toujours la maison de Stuart
du trône de la Grande-Bretagne, ils senti

rent qu'une dynastie nouvelle; qu'un chef pris dans une famille forcée d'épouser une révolution pouvaient, seuls, garantir cette révolution; ils conquirent, enfin, la liberté, et ils en jouissent depuis plus d'un siècle.

Tout répond aujourd'hui de l'Empereur Napoléon, de sa volonté, de son esprit. Il est la force, la gloire, la liberté de la nation; c'est le gage le plus fidèle de notre indépendance, c'est le seul gage de notre prospérité future; son nom et sa dynastie sont *irrévocablement attachés à la stricte observation* du contrat solennel qui va être passé entre la nation et le prince. C'est la révolution française épurée, ramenée à ses véritables principes qu'il est, désormais, chargé de défendre et de protéger sous la responsabilité de sa gloire, de sa personne et de sa dynastie. Lui seul peut maintenir les principes de la révolution ; lui seul peut rendre éternelles ces idées libérales que la révolution a promulguées, que la France entière n'a cessé de vouloir et de défendre, au prix de son sang, ces idées libérales qui lui ont ouvert, comme une route de triomphe, le chemin de l'île d'Elbe à Paris, et qui ont fait comme un pont de gloire depuis la ville de Cannes jusques à la capitale de l'Empire. La courte, la terrible, mais salutaire expérience que nous avons faite des Bourbons, doit convaincre tous les Français de l'impuissance de ces princes en matière de gouvernement; du défaut absolu de sincérité dans toutes les promesses royales émanées de leur crainte, de leur cupidité, de leur orgueil : cette expérience doit convaincre tous les citoyens du rétablissement de tous les abus et de tous les vices de *l'ancien régime*, si un prince de la maison de Bourbon, quel qu'il fût, rentrait jamais dans notre patrie.

Le citoyen qui possède, ou dont la famille a acquis trois arpens de terres dites nationales; le brave qui arrosa de son sang aux champs immortels de Marengo, d'Austerlitz, d'Iéna, ce signe d'honneur que les Bourbons s'efforcent d'avilir jusque dans leur fuite; le bourgeois qui émit dans une période de vingt-cinq années de révolution le noble sentiment d'une sage liberté; l'artisan, l'ouvrier, le paysan qui concoururent par tant de sacrifices à la défense de la patrie et de la liberté; tous sont également coupables aux yeux de la maison de Bourbon, aux yeux des émigrés; tous seraient également punis un jour de leur attachement à la gloire de la patrie, à la cause de la liberté. Les Français de tous les rangs, de toutes les classes, n'ont et ne sauraient avoir de garantie véritable, solide, éternelle, que sous le gouvernement d'une dynastie fondée sur les droits et le bonheur du peuple qui éleva cette dynastie; sous le gouvernement de l'homme qui mérita par sa gloire militaire, par de nobles et sages institutions, même par ses revers et ses fautes, l'honneur de commander de nouveau à la nation française, et de lui donner une suite de monarques forcés d'être les vrais défenseurs de nos libertés.

Ce qui distingue éminemment le chef de l'empire, c'est l'esprit d'ordre et de justice. On a vu l'ordre qui régnait dans la comptabilité impériale; et l'on a vu les Bourbons dissiper scandaleusement, en quelques semaines, jusqu'aux ressources de l'enfance, de la vieillesse, de l'honneur. Chaque année, les ministres des Bourbons eussent envelop

pé de ténèbres, de mensonges à la Ter-
ray, ce budjet de l'État dans lequel ils ont
apporté en un an de si grands déficits, ce
budjet dont les fonds les plus sacrés ont été
exportés à l'étranger, ou dilapidés pour pré-
parer des assassinats et des meurtres : les
Bourbons ont vidé les caisses publiques, et
ils allaient donner des ordres pour remplir
les prisons d'État ! Ces princes ne respiraient
que la soif de l'or et les vengeances.

Craindrait-on les vengeances de l'Empereur ? Il n'a rien su, il n'a par conséquent
besoin de rien oublier ; tandis que les Bourbons n'avaient rien oublié depuis vingt-cinq
ans. Il est heureux pour la France, il est
glorieux pour Napoléon, que les Bourbons
et les émigrés aient *régné* pendant un an ; la
nation française et l'Europe ont vu ces princes, ces hommes, ils sont jugés sans retour.
Après avoir tenté de nous ravir notre gloire,
ils ont emporté nos trésors, et, pour dernière
preuve de leur amour, ils ont voulu nous
laisser la guerre civile : mais ils n'avaient
pu nous ôter la patrie, l'honneur et Napoléon !

Je le répète, nos libertés sont garanties

par l'Empereur et ne peuvent être défendues que par lui. Mais il abusera du pouvoir, affectent de dire quelques hypocrites ou quelques mécontens! Le peut-il, lorsque la liberté de la presse, lorsque la volonté nationale ouvriront à l'avenir les portes de son palais, lorsqu'elles en éloigneront les flatteurs et les courtisans, ces ennemis plus dangereux pour un prince, et même pour une nation, que ne sauraient l'être toutes les forces réunies des puissances étrangères ? Si l'Empereur est entraîné dans de fausses mesures, si ses ministres commettent des fautes, si des fonctionnaires publics attentent aux lois, l'opinion nationale les signalera au même instant ; des institutions fortes et respectées, non plus sur le papier mais en réalité, assureront nos droits et nos franchises ; la nation le veut, l'Empereur le veut et le promet. Il est contre l'intérêt de Napoléon de vouloir, de permettre, de tolérer les infractions aux lois constitutionnelles : il ne le peut pas ; et il n'est pas possible qu'il le veuille ; il a donné à son retour des gages inviolables et sacrés que la nation toute entière a reçus d'avance.

Dans les conjonctures actuelles, la liberté politique et civile, les biens nationaux, le crédit public, la liberté des cultes, la gloire de l'État, sa prospérité intérieure, tous nos droits, toutes nos affections se trouvent placés sous l'invincible garde du plus grand homme de ce siècle, du plus noble enfant de la révolution, de l'homme qui a soutenu avec grandeur les leçons de l'adversité et de l'exil. Il est le monarque de choix, le prince légal, le seul chef vraiment légitime de la France : et jamais contrat plus auguste et plus saint n'aura uni un peuple à un chef, un chef à un peuple, que le contrat fondamental qui sera signé au Champ-de-Mai, par un capitaine toujours victorieux, et par vingt-cinq millions de Français fermement résolus d'être libres, et toujours prêts, *à ce prix*, à répandre leur sang pour défendre un trône qui garantira les libertés et les droits de la nation.

DE L'IMPRIMERIE DE FAIN, PLACE DE L'ODÉON.